Gusturi italiene autentice

O colecție de rețete delicioase pentru a savura aperitive și garnituri italiene în propria ta bucătărie

Carlo Raffo

CUPRINS

Varză de Bruxelles prăjită 8

Varza de Bruxelles cu panceta 10

Varza rumenita cu usturoi 12

Varză mărunțită cu capere și măsline 14

Varza cu panceta afumata 16

Cardoane prăjite 17

Cardoane cu Parmigiano-Reggiano 19

Cardon in crema 20

Morcovi si sfecla cu Marsala 22

Morcovi prajiti cu usturoi si masline 24

Morcovi in crema 25

Morcovi dulci și acrișori 26

Vinete marinate cu usturoi si menta 28

Vinete la gratar cu salsa de rosii proaspete 30

"sandvișuri" cu vinete și mozzarella 32

Vinete cu usturoi si ierburi 34

Batoane de vinete in stil napolitan cu rosii 36

Vinete umplute cu prosciutto si branza 38

Vinete umplute cu hamsii, capere si masline 41

Vinete cu otet si ierburi 44

Cotlet de vinete prajite 46

Vinete cu sos de rosii picant 48

Parmigiana vinete 50

Fenicul prăjit 52

Fenicul cu parmezan 54

Fenicul cu sos de hamsii 56

Fasole verde cu patrunjel si usuroi 58

Fasole verde cu alune 60

Fasole verde cu sos verde 62

Salata de fasole verde 63

Fasole verde in sos de rosii-busuioc 65

Fasole verde cu panceta si ceapa 67

Fasole verde cu sos de rosii si pancetta 69

Fasole verde cu parmigiano 71

Fasole ceară cu măsline 73

Spanac cu lamaie 75

Spanac sau alte legume cu unt și usturoi 77

Spanac cu stafide și nuci de pin 79

Spanac cu hamsii, Stil Piemont 81

Escarole cu usturoi 83

Papadie cu cartofi 85

Ciuperci cu usturoi si patrunjel 87

Ciuperci, stil genovez 89

Ciuperci prăjite 91

Crema de ciuperci 93

Ciuperci umplute la cuptor 95

Ciuperci cu roșii și ierburi 97

Ciuperci în Marsala 99

Ciuperci la gratar..101

Ciuperci prajite 103

Gratin de ciuperci 105

Ciuperci stridii cu carnati..107

Varză de Bruxelles prăjită

Cavolini al Forno

Face 4 până la 6 porții

Dacă nu ai încercat niciodată varză de Bruxelles prăjită, vei fi uimit de cât de bun au gust. Le-am prajit pana sunt frumoase si rumenite. Frunzele exterioare vor fi crocante, în timp ce frunzele interioare vor fi moi. Acestea sunt grozave cu friptura de porc.

1 kilogram de varză de Bruxelles

⅓ cană ulei de măsline

Sare

3 catei de usturoi, taiati felii

1. Folosind un cuțit mic, răzuiți o felie subțire de pe fundul varzei de Bruxelles. Tăiați-le în jumătate prin fund.

2. Preîncălziți cuptorul la 375°F. Se toarnă uleiul într-o tigaie suficient de mare pentru a ține mugurii într-un singur strat. Adaugam varza, sarea si usturoiul. Amestecați bine și întoarceți mugurii tăiați în jos.

3. Prăjiți mugurii, amestecând o dată, 30 până la 40 de minute sau până când se rumenesc și se înmoaie. Se serveste fierbinte.

Varza de Bruxelles cu panceta

Cavolini di Bruxelles al Pancetta

Face 4 până la 6 porții

Usturoiul și pancetta le aromă pe aceste muguri. Înlocuiți pancetta cu slănină pentru o notă de aromă de fum.

1 kilogram de varză de Bruxelles

Sarat la gust

2 linguri ulei de masline

2 felii groase de pancetta (2 uncii), tăiate în fâșii de chibrit

4 catei mari de usturoi, feliati subtiri

Un praf de ardei rosu macinat

1. Folosind un cuțit mic, răzuiți o felie subțire de pe fundul varzei de Bruxelles.
2. Aduceți o oală mare cu apă la fiert. Adaugati varza si sare dupa gust. Gatiti pana cand mugurii sunt aproape fragezi, aproximativ 5 minute.

3. Gatiti pancetta in ulei intr-o tigaie mare pana devine usor aurie, aproximativ 5 minute. Adăugați usturoiul și ardeiul roșu tocat și gătiți până usturoiul devine auriu, încă aproximativ 2 minute.

4. Adăugați varza de Bruxelles, 2 linguri de apă și sare. Gatiti, amestecand din cand in cand, pana cand mugurii sunt fragezi si incep sa se rumeneasca, aproximativ 5 minute. Se serveste fierbinte.

Varza rumenita cu usuroi

Cavolo al'Aglio

Face 4 portii

Varza gătită în acest fel nu are un gust asemănător cu legumele fade și ude pe care tuturor ne place să le urâm. Întotdeauna am crezut că gătirea excesivă ar strica varza, dar în acest caz, la fel ca varza de Bruxelles prăjită de mai sus, gătirea lungă și lentă rumenește varza și îi conferă o aromă bogată și dulce. L-am gustat prima dată la Manducatis, un restaurant din Long Island City ai cărui proprietari provin din Montecassino, Italia.

1 cap mediu de varză (aproximativ 1 1/2 lire)

3 catei mari de usturoi, tocati marunt

Ardei roșu zdrobit

¼ cană ulei de măsline

Sare

1. Tăiați frunzele exterioare ale varzei. Tăiați varza în sferturi cu un cuțit mare și greu de bucătar. Tăiați miezul. Tăiați varza în bucăți potrivite.

2. Într-o oală mare, fierbeți usturoiul și ardeiul roșu în ulei de măsline la foc mediu-mic până când usturoiul devine auriu, aproximativ 2 minute.

3. Se adauga varza si sarea. Amesteca bine. Acoperiți și gătiți, amestecând des, timp de 20 de minute, sau până când varza este ușor rumenită și fragedă. Adăugați puțină apă dacă varza începe să se lipească. Se serveste fierbinte.

Varză mărunțită cu capere și măsline

Cavolo al Capperi

Face 4 portii

Măslinele și caperele îmbracă varza mărunțită. Dacă nu doriți să cumpărați varză întreagă, încercați să o faceți folosind o pungă de salată de varză dezbrăcată de la secțiunea de produse alimentare a magazinului alimentar. Marca pe care o cumpăr este un amestec de varză, niște varză roșie și morcovi. Funcționează perfect în această rețetă.

4 linguri ulei de masline

1 cap mic de varză (aproximativ 1 kilogram)

Aproximativ 3 linguri de apă

1 până la 2 linguri de oțet de vin alb

Sare

½ cană măsline verzi tocate

1 lingura capere tocate

1. Tăiați frunzele exterioare ale varzei. Tăiați varza în sferturi cu un cuțit mare și greu de bucătar. Tăiați miezul. Tăiați sferturile în cruce în fâșii subțiri.

2. Încinge uleiul într-o oală mare la foc mediu. Se adauga varza, apa, otetul si putina sare. Amesteca bine.

3. Acoperiți oala și reduceți focul la mic. Gatiti pana varza este aproape frageda, aproximativ 15 minute.

4. Se amestecă măslinele și caperele. Gatiti pana varza este foarte frageda, inca 5 minute. Dacă a rămas mult lichid în tigaie, se descoperă și se fierbe până se evaporă. Se serveste fierbinte.

Varza cu panceta afumata

Verze con Pancetta Affumicata

Face 6 portii

Iată o altă rețetă tradițională Friuli, inspirată de bucătarul Gianni Cosetti. Gianni folosește pancetta afumată în această rețetă, dar puteți înlocui slănină sau șuncă afumată.

2 linguri ulei de masline

1 ceapa medie, tocata

2 uncii pancetta afumată, bacon sau șuncă tocate

½ varză medie, feliată subțire

Sare și piper negru proaspăt măcinat

1. Gatiti uleiul, ceapa si pancetta intr-o oala mare timp de 10 minute sau pana devin aurii.

2. Se adauga varza si sare si piper dupa gust. Reduceți căldura. Acoperiți și gătiți timp de 30 de minute sau până când sunt foarte fragede. Se serveste fierbinte.

Cardoane prăjite

Cardoni Fritti

Face 6 portii

Iată o rețetă de bază de cardoane: se fierb, se tapetează cu pesmet și se prăjesc până devin crocante. Acesta este bun ca parte a unei selecții de antipasto sau ca garnitură cu miel sau pește.

1 lămâie, tăiată în jumătate

2 kilograme de cardoane

3 ouă mari

2 linguri Parmigiano-Reggiano proaspăt ras

Sare și piper negru proaspăt măcinat

2 cani de pesmet simplu

Ulei vegetal pentru prajit

Bărci cu lămâie

1. Stoarceți lămâia într-un castron mare cu apă rece. Tăiați capetele cardurilor și despărțiți tulpina în fâșii. Curățați fiecare

coastă cu un cuțit pentru a îndepărta sforile și frunzele lungi și dure. Tăiați fiecare coastă în lungimi de 3 inci. Puneți bucățile în apa cu lămâie.

2.Aduceți o oală mare cu apă la fiert. Scurge cardurile și adaugă-le în tigaie. Se fierbe până când se înmoaie când este străpuns cu un cuțit, aproximativ 20 până la 30 de minute. Scurgeți bine și răciți sub jet de apă. Uscați piesele.

3.Tapetați o tavă cu prosoape de hârtie. Bateți ouăle într-un castron puțin adânc cu brânză, sare și piper după gust. Întindeți pesmetul pe o foaie de hârtie ceară. Înmuiați cardunurile în ou și apoi rulați-le în pesmet.

4.Se încălzește aproximativ 1/2 inch de ulei într-o tigaie mare și adâncă, la foc mediu, până când o picătură mică de ou curge și se gătește rapid când este aruncată în tigaie. Adăugați doar suficienți cardoane pentru a se potrivi într-un singur strat fără a se înghesui. Gătiți, răsturnând bucățile cu cleștele, până se rumenesc și devin crocante pe toate părțile, aproximativ 3 până la 4 minute. Scurgeți pe un prosop de hârtie. Păstrați-le calde la cuptorul mic în timp ce prăjiți restul. Se serveste fierbinte cu felii de lamaie.

Cardoane cu Parmigiano-Reggiano

Cardoni alla Parmigiana

Face 6 portii

Cardoanele au gust delicios coapte cu unt și parmigiano.

1 lămâie, tăiată în jumătate

Aproximativ 2 kilograme de cardoane

Sare si piper proaspat macinat

3 linguri de unt nesarat

½ cană Parmigiano-Reggiano proaspăt ras

1. Pregătiți cardurile ca înCardoane prăjiteprin pasul 2.

2. Așezați un grătar în centrul cuptorului. Preîncălziți cuptorul la 450°F. Ungeți generos o tavă de copt de 13 x 9 x 2 inci.

3. Aranjați bucățile de carton în tigaie. Se pune untul deasupra si se presara cu sare si piper. Întindeți brânza peste.

4. Coaceți timp de 10 până la 15 minute sau până când brânza se topește ușor. Se serveste fierbinte.

Cardon in crema

Cardoni alla Panna

Face 6 portii

Aceste carduri se macina intr-o tigaie cu putina crema. Parmigiano-Reggiano dă tușele finale.

1 lămâie, tăiată în jumătate

Aproximativ 2 kilograme de cardoane

2 linguri de unt nesarat

Sare și piper negru proaspăt măcinat

½ cană smântână groasă

½ cană Parmigiano-Reggiano proaspăt ras

1. Pregătiți cardurile ca înCardoane prăjiteprin pasul 2.

2. Topiți untul la foc mediu într-o tigaie mare. Adauga cardurile si sare si piper dupa gust. Se amestecă până se îmbracă cu unt, aproximativ 1 minut.

3. Adăugați smântâna și aduceți la fierbere. Gatiti pana cand crema se ingroasa usor, aproximativ 1 minut. Se presară cu brânză și se servește fierbinte.

Morcovi si sfecla cu Marsala

Misto di Rape e Carote

Face 4 portii

Marsala dulce, cu nuci, îmbunătățește aroma legumelor rădăcinoase precum morcovii și sfecla.

4 morcovi medii

2 sfeclă roșie medie sau 1 sfeclă roșie mare

2 linguri de unt nesarat

Sare

¼ cană de Marsala uscată

1 lingură pătrunjel proaspăt cu frunze plate tocat

1. Curățați morcovii și sfecla și tăiați-le în bucăți de 1 inch.

2. Topiți untul la foc mediu într-o tigaie mare. Adăugați legumele și sare după gust. Gatiti 5 minute, amestecand din cand in cand.

3. Adaugă Marsala. Acoperiți și gătiți încă 5 minute sau până când vinul s-a evaporat și legumele sunt fragede. Se presara patrunjel si se serveste imediat.

Morcovi prajiti cu usturoi si masline

Carote al Forno

Face 4 portii

Morcovii, usturoiul și măslinele sunt o combinație surprinzător de bună, deoarece sarea din măsline joacă cu dulceața morcovilor. Pe astea le-am avut în Liguria, lângă granița cu Franța.

8 morcovi medii, decojiți și tăiați în diagonală felii groase de 1/2 inch

2 linguri ulei de masline

3 catei de usturoi, taiati felii

Sare și piper negru proaspăt măcinat

½ cană de măsline negre fără sâmburi ușoare importate, cum ar fi Gaeta

1. Așezați un grătar în centrul cuptorului. Preîncălziți cuptorul la 425°F. Într-o tigaie mare, amestecați morcovii cu uleiul, usturoiul și sare și piper după gust.

2. Se prăjește timp de 15 minute. Se amestecă măslinele și se fierbe până când morcovii sunt fragezi, încă aproximativ 5 minute. Se servește fierbinți.

Morcovi in crema

Carote alla Panna

Face 4 portii

Morcovii sunt consumați atât de des cruzi încât uităm cât de buni pot fi când sunt gătiți. În această rețetă, smântâna grea completează gustul dulce.

8 morcovi medii

2 linguri de unt nesarat

Sare

½ cană smântână groasă

Un praf de nucsoara rasa

1. Curata morcovii. Tăiați-le în felii groase de 1/4 inch.

2. Topiți untul într-o cratiță medie la foc mediu. Adăugați morcovi și sare după gust. Acoperiți și gătiți, amestecând din când în când, până când morcovii sunt fragezi, aproximativ 5 minute.

3. Se amestecă smântâna și nucșoara. Gatiti pana cand crema este groasa si morcovii sunt fragezi, inca 4-5 minute. Serviți imediat.

Morcovi dulci și acrișori

Carote în Agrodolce

Face 4 portii

Îmi place să servesc acești morcovi cu friptură de porc sau pui. Dacă aveți la îndemână pătrunjel, mentă sau busuioc, tocați planta și aruncați-o cu morcovii chiar înainte de servire.

8 morcovi medii

1 lingura unt nesarat

3 linguri otet de vin alb

2 linguri de zahar

Sare

1. Curata morcovii. Tăiați-le în felii groase de 1/4 inch.

2. Topiți untul la foc mediu într-o cratiță medie. Se adauga otetul si zaharul si se amesteca pana se dizolva zaharul. Se amestecă morcovii și sarea după gust. Acoperiți oala și gătiți până când morcovii sunt moi, aproximativ 5 minute.

3. Descoperiți tigaia și gătiți morcovii, amestecând des, până se înmoaie, încă aproximativ 5 minute. Gust pentru condimente. Se serveste cald sau la temperatura camerei.

Vinete marinate cu usuroi si menta

Marinat de vinete

Face 4 până la 6 porții

Este grozav ca garnitură cu pui la grătar sau ca parte a unei selecții de antipasto. Dovleceii și morcovii pot fi, de asemenea, pregătiți în acest fel.

2 vinete medii (aproximativ 1 kg fiecare)

Sare

Ulei de masline

3 linguri otet de vin rosu

2 catei de usturoi, tocati marunt

¼ cană de mentă proaspătă tocată

Piper negru proaspăt măcinat

1. Tăiați vârful și fundul vinetelor. Tăiați vinetele în cruce în felii de 1/2 inch grosime. Aranjați feliile într-o sită și presărați sare peste fiecare strat. Pune vinetele pe o farfurie pentru a se scurge

cel putin 30 de minute. Clătiți sarea cu apă rece și uscați feliile cu un prosop de hârtie.

2. Preîncălziți cuptorul la 450°F. Ungeți feliile de vinete cu ulei și aranjați-le, cu partea unsă în jos, într-un singur strat pe o foaie de biscuiți. Ungeți blaturile cu ulei. Coaceți feliile timp de 10 minute. Întoarceți și coaceți până se rumenesc și se înmoaie, încă aproximativ 10 minute.

3. Puneți feliile de vinete într-un recipient de plastic puțin adânc, cu un capac etanș, suprapunându-le ușor. Stropiți cu oțet, usturoi, mentă și piper. Repetați procesul până când sunt folosite toate ingredientele.

4. Acoperiți și lăsați la frigider pentru cel puțin 24 de ore înainte de servire. Acestea se păstrează bine câteva zile.

Vinete la gratar cu salsa de rosii proaspete

Melanzane alla Griglia cu salsa

Face 4 portii

Aici, feliile de vinete sunt puse la gratar si apoi puse pe salsa de rosii proaspete. Serviți cu burgeri, fripturi sau cotlete. Vinetele le-am pregătit astfel în Abruzzo, unde se folosesc adesea ardei iute verzi proaspeți. Dacă doriți, înlocuiți ardeiul roșu zdrobit dintr-un borcan.

1 vinete medie (aproximativ 1 kilogram)

Sare

3 linguri ulei de masline

1 roșie medie coaptă

2 linguri de pătrunjel proaspăt cu frunze plate tocat

1 lingura chili proaspat tocat marunt (sau dupa gust)

1 lingurita suc proaspat de lamaie

1. Tăiați vârful și fundul vinetelor. Tăiați vinetele în cruce în felii groase de 1/2 inch. Aranjați feliile într-o sită și presărați sare peste fiecare strat. Pune vinetele pe o farfurie pentru a se scurge

cel putin 30 de minute. Clătiți sarea cu apă rece și uscați feliile cu un prosop de hârtie.

2.Așezați un grătar sau un gratar la aproximativ 5 inci de sursa de căldură. Preîncălziți grătarul sau grătarul. Ungeți feliile de vinete cu ulei de măsline pe o parte și așezați-le cu partea unsă cu ulei spre sursa de căldură. Gatiti pana se rumenesc usor, aproximativ 5 minute. Întoarceți feliile și ungeți-le cu ulei. Gatiti pana se rumenesc si se inmoaie, aproximativ 4 minute.

3.Aranjați feliile pe un platou, suprapunându-se ușor.

4.Tăiați roșiile în jumătate și stoarceți semințele și sucul. Tocați roșia. Într-un castron mediu, aruncați roșiile cu pătrunjel, chili, sucul de lămâie și sare după gust. Se toarnă amestecul de roșii peste vinete. Se serveste la temperatura camerei.

"sandvişuri" cu vinete şi mozzarella

Panini di Mozzarella

Face 6 portii

Pun uneori o felie de prosciutto împăturită în aceste „sandvişuri" şi le servesc ca antipasto. Acoperiţi cu nişte ketchup dacă aveţi şi presăraţi cu parmigiano ras dacă doriţi.

2 vinete medii (aproximativ 1 kg fiecare)

Sare

Ulei de masline

Piper negru proaspăt măcinat

1 lingura de cimbru proaspat tocat sau patrunjel cu frunze plate

8 uncii de mozzarella proaspătă, feliată subţire

1. Tăiaţi vârful şi fundul vinetelor. Îndepărtaţi fâşiile de piele pe lungime, la aproximativ 1 inch una de cealaltă, cu un decojitor cu lamă rotativă. Tăiaţi vinetele în cruce într-un număr par de felii de 1/2 inch grosime. Aranjaţi feliile într-o sită şi presăraţi sare peste fiecare strat. Pune o strecurătoare peste o farfurie pentru a

se scurge timp de cel puțin 30 de minute. Clătiți sarea cu apă rece și uscați feliile cu un prosop de hârtie.

2. Preîncălziți cuptorul la 450°F. Ungeți feliile de vinete cu ulei de măsline și aranjați-le, cu partea unsă în jos, într-un singur strat pe o foaie de biscuiți. Ungeți blaturile cu ulei suplimentar. Se presară cu piper și ierburi. Coaceți timp de 10 minute. Întoarceți feliile și coaceți încă aproximativ 10 minute, sau până când se rumenesc ușor și se înmoaie.

3. Scoateți vinetele din cuptor, dar lăsați cuptorul aprins.

4. Acoperiți jumătate de felii de vinete cu mozzarella. Puneți deasupra restul feliilor de vinete. Puneti vasele la cuptor pentru 1 minut sau pana cand branza incepe sa se topeasca. Se serveste fierbinte.

Vinete cu usturoi si ierburi

Melanzane al Forno

Face 6 până la 8 porții

Îmi place să folosesc vinete japoneze lungi și subțiri când le văd la piața de fermier în timpul lunilor de vară. Sunt foarte bune pentru mesele de vară, pur și simplu prăjite cu usturoi și ierburi.

3 linguri ulei de masline

8 vinete mici japoneze (toate de aceeași dimensiune)

1 cățel de usturoi, tocat foarte fin

2 linguri busuioc proaspăt tocat

Sare și piper negru proaspăt măcinat

1. Așezați un grătar în centrul cuptorului. Preîncălziți cuptorul la 400°F. Ungeți o tavă mare de copt.

2. Tăiați capetele tulpinii de pe vinete și tăiați în jumătate pe lungime. Tăiați mai multe fante puțin adânci pe suprafețele de tăiere. Aranjați vinetele cu partea tăiată în sus în tava de copt.

3. Într-un castron mic, combinați uleiul, usturoiul, busuiocul și sare și piper după gust. Întindeți amestecul peste vinete, apăsând ușor în fante.

4. Coaceți timp de 25 până la 30 de minute sau până când vinetele sunt moi. Se serveste cald sau la temperatura camerei.

Batoane de vinete in stil napolitan cu rosii

Bastoncini di Melanzane

Face 4 portii

La restaurantul Dante and Beatrice din Napoli, mesele încep cu o serie de mici aperitive. Bețișoare de vinete mici într-un sos proaspăt de roșii și busuioc sunt unul dintre felurile de mâncare pe care le-am savurat eu și soțul meu acolo. Vinetele japoneze sunt mai blânde decât varietatea mare de pământ, dar oricare dintre tipurile poate fi folosit pentru această rețetă.

6 vinete mici japoneze (aproximativ 1 1/2 lire)

Ulei vegetal pentru prajit

Sare

2 catei de usturoi, curatati de coaja si tocati marunt

Un praf de ardei rosu macinat

3 linguri ulei de masline

4 rosii prune, curatate de coaja, fara samburi si tocate

1/4 cană frunze de busuioc, stivuite și tăiate fâșii subțiri

1. Tăiați vârful și fundul vinetelor și tăiați pe lungime în 6 felii. Tăiați în cruce în 3 bucăți. Uscați bucățile cu un prosop de hârtie.

2. Tapetați o tavă cu prosoape de hârtie. Turnați aproximativ 1/2 inch de ulei într-o tigaie medie. Se incinge la foc mediu pana cand se pune in tigaie o bucata mica de vinete. Adăugați cu grijă câte vinete vor încăpea într-un singur strat. Gatiti, amestecand din cand in cand, pana se rumenesc pe margini, aproximativ 5 minute. Scoateți vinetele cu o lingură sau cu o lingură cu fantă și scurgeți-le pe un prosop de hârtie. Repetați cu vinetele rămase. Se presară cu sare.

3. Într-o tigaie mare, gătiți usturoiul cu ardeiul roșu în ulei de măsline până când usturoiul devine auriu intens, aproximativ 4 minute. Scoateți și aruncați usturoiul. Adăugați roșiile și gătiți timp de 5 minute sau până se îngroașă.

4. Se amestecă vinetele și busuiocul și se fierbe încă 2 minute. Asezonați cu sare după gust. Se serveste cald sau la temperatura camerei

Vinete umplute cu prosciutto si branza

Melanzane Ripiene

Face 6 portii

Verii și verii au venit din toată regiunea prima dată când soțul meu, Charles, și cu mine am mers să-i vizităm rudele, care locuiesc lângă celebra Vale a Templelor din Agrigento, Sicilia. Fiecare unitate familială dorea să le vizităm casa, să mâncăm și să stăm. Ne-am dorit să petrecem timp cu toată lumea, dar am vrut să vedem și niște locuri istorice despre care auzisem mereu atât de multe și am avut doar câteva zile. Din fericire, mătușa soțului meu, Angela, a preluat conducerea și s-a asigurat că suntem bine îngrijiți. Când i-am spus că sunt interesat de bucătăria locală, ea m-a învățat cum să fac acest preparat delicios de vinete.

6 vinete mici (aproximativ 1 1/2 lire sterline)

Sare

1/4 cană ulei de măsline

1 ceapa medie, tocata

1 roșie medie

2 ouă, bătute

½ cană caciocavallo, provolone sau Parmigiano-Reggiano ras

¼ cană busuioc proaspăt tocat mărunt

2 uncii de prosciutto italian importat, tocat fin

½ cană plus 1 lingură pesmet fără aromă

Sare și piper negru proaspăt măcinat

1. Tăiați vârfurile vinetelor și tăiați în jumătate pe lungime. Folosind un cuțit mic și o lingură ascuțită, scoateți pulpa de vinete, lăsând aproximativ 1/4 inch grosime. Tăiați aluatul de vinete.

2. Pune vinetele tocate intr-o sita. Se presara cu generozitate sare si se lasa la scurs pe o farfurie cel putin 30 de minute. Presărați sare peste cojile de vinete și puneți-le cu partea tăiată în jos pe o farfurie pentru a se scurge.

3. Clătiți sarea cu apă rece și uscați vinetele cu un prosop de hârtie. Strângeți aluatul pentru a reduce apa.

4. Într-o tigaie medie, încălziți uleiul la foc mediu. Adaugati ceapa si vinetele tocate si gatiti, amestecand des, pana se inmoaie, aproximativ 15 minute. Răzuiți amestecul într-un bol.

5. Tăiați roșiile în jumătate și stoarceți semințele și sucul. Tăiați roșia și adăugați-o în bol. Se amestecă ouăle, brânza, busuiocul, prosciutto, 1/2 cană pesmet și sare și piper după gust. Amesteca bine.

6. Așezați un grătar în centrul cuptorului. Preîncălziți cuptorul la 400°F. Ungeți o tavă suficient de mare pentru a ține cojile de vinete într-un singur strat.

7. Umpleți cojile cu amestecul de vinete, răsturnând suprafața. Pune-le în tigaie. Se presara deasupra 1 lingura de pesmet. Turnați 1/4 cană de apă în jurul vinetelor. Coaceți timp de 45 până la 50 de minute sau până când cojile sunt fragede când sunt străpunse. Se serveste cald sau la temperatura camerei.

Vinete umplute cu hamsii, capere si masline

Melanzane Ripiene

Face 4 portii

Se pare că nu există nicio limită pentru modurile siciliene de a găti vinetele. Acesta combină aromele clasice de hamsii, măsline și capere.

2 vinete medii (aproximativ 1 kg fiecare)

Sare

¼ cană plus 1 lingură ulei de măsline

1 cățel mare de usturoi, tocat mărunt

2 rosii medii, curatate de coaja, fara samburi si tocate

6 fileuri de hamsii

½ cană Gaeta tocată sau alte măsline negre blânde

2 linguri de capere, clătite și clătite

½ linguriță oregano uscat

⅓ cană pesmet uscat pur

1. Tăiați vârfurile vinetelor. Tăiați vinetele în jumătate pe lungime. Folosind un cuțit mic și o lingură ascuțită, scoateți pulpa de vinete, lăsând o coajă de aproximativ 1/2 inch grosime. Tocați grosier pulpa și puneți-o într-o sită. Se presară cu generozitate sare și se scurg pe o farfurie. Presărați sare peste interiorul cojilor de vinete și așezați-le cu susul în jos pe un prosop de hârtie. Lăsați să se scurgă timp de 30 de minute.

2. Clătiți sarea cu apă rece și uscați vinetele cu un prosop de hârtie. Strângeți aluatul pentru a reduce apa.

3. Încinge uleiul într-o tigaie mare la foc mediu-mare până când o bucată mică de vinete sfârâie când este adăugată în tigaie. Adăugați pulpa de vinete și gătiți, amestecând des, până când începe să se rumenească, 15 până la 20 de minute. Se amestecă usturoiul și se fierbe timp de 1 minut. Adăugați roșii, hamsii, măsline, capere, oregano și sare și piper după gust. Gatiti pana se ingroasa, inca 5 minute.

4. Așezați un grătar în centrul cuptorului. Preîncălziți cuptorul la 400°F. Ungeți o tavă suficient de mare pentru a ține cojile de vinete într-un singur strat.

5. Umpleți cojile cu amestecul de vinete. Pune-le în tigaie. Se amestecă pesmetul cu uleiul rămas și se presară peste coji.

Coaceți timp de 45 de minute sau până când cojile sunt fragede când sunt străpunse. Lasam putin sa se raceasca. Se serveste cald sau la temperatura camerei.

Vinete cu otet si ierburi

Melanzane alle Erbe

Face 6 până la 8 porții

Planificați să faceți acest lucru cu cel puțin o oră înainte de servire. Lăsând-o să stea va oferi oțetului șansa să se înmoaie. Îmi place să servesc asta cu ton sau pește-spadă la grătar, ca parte a unui grătar de vară.

2 vinete medii (aproximativ 1 kg fiecare) tăiate în bucăți de 1 inch

Sare

½ cană ulei de măsline

½ cană oțet de vin roșu

¼ cană zahăr

2 linguri de pătrunjel proaspăt cu frunze plate tocat

2 linguri de menta proaspata tocata

1. Tăiați vârful și fundul vinetelor. Tăiați vinetele în bucăți de 1 inch. Puneti bucatile intr-o sita si presarati sare peste fiecare strat. Pune o strecurătoare peste o farfurie pentru a se scurge

timp de cel puțin 30 de minute. Clătiți sarea cu apă rece și uscați bucățile cu un prosop de hârtie.

2. Tapetați o tavă cu prosoape de hârtie. Încinge 1/4 cană de ulei într-o tigaie mare la foc mediu. Adăugați jumătate din bucățile de vinete și gătiți, amestecând des, până se rumenesc, aproximativ 15 minute. Transferați vinetele pe prosoape de hârtie pentru a se scurge cu o lingură. Adăugați uleiul rămas în tigaie și prăjiți vinetele rămase în același mod.

3. Scoateți tigaia de pe foc și turnați cu grijă uleiul rămas. Ștergeți ușor tigaia cu un prosop de hârtie.

4. Pune tigaia la foc mediu si adauga otetul si zaharul. Se amestecă până se dizolvă zahărul. Întoarceți vinetele întreg în tigaie și gătiți, amestecând, până când lichidul este absorbit, aproximativ 5 minute.

5. Transferați vinetele într-un vas de servire și stropiți cu pătrunjel și mentă. Lasa sa se raceasca. Se serveste la temperatura camerei.

Cotlet de vinete prajite

Frise de vinete

Face 4 până la 6 porții

Singura problemă cu aceste cotlete este că sunt greu de oprit din mâncare. Sunt atât de bune când sunt fierbinți și proaspăt făcute. Serviți-le în sandvișuri sau ca garnitură.

1 vinete medie (aproximativ 1 kilogram)

Sare

2 ouă mari

¼ cană Parmigiano-Reggiano proaspăt ras

Piper negru proaspăt măcinat

½ cană făină universală

1 1/2 cană de pesmet uscat curat

Ulei vegetal pentru prajit

1.Tăiați vârful și fundul vinetelor. Tăiați vinetele în cruce în felii groase de 1/4 inch. Aranjați feliile într-o sită și presărați sare peste fiecare strat. Pune o strecurătoare peste o farfurie pentru a se scurge timp de cel puțin 30 de minute. Clătiți sarea cu apă rece și uscați feliile cu un prosop de hârtie.

2. Puneți făina într-un vas puțin adânc. Într-un alt castron puțin adânc, amestecați ouăle, brânza, sare și piper, după gust. Înmuiați feliile de vinete în făină, apoi în amestecul de ouă, apoi în pesmet, bătând pentru a se îmbrăca bine. Lăsați feliile să se usuce pe un grătar timp de 15 minute.

3. Tapetați o tavă cu prosoape de hârtie. Porniți cuptorul la cea mai mică setare. Încinge 1/2 inch de ulei într-o tigaie mare și grea până când o picătură mică din amestecul de ouă sfârâie când atinge uleiul. Adăugați doar câte felii de vinete pentru a se încadra într-un singur strat fără a se înghesui. Se prăjește până se rumenește pe o parte, aproximativ 3 minute, apoi se răstoarnă și se rumenește pe cealaltă parte, încă aproximativ 2 până la 3 minute. Scurgeți feliile de vinete pe prosoape de hârtie. Păstrați-le calde la cuptorul mic în timp ce restul sunt prăjite în același mod. Se serveste fierbinte.

Vinete cu sos de rosii picant

Vinete in salsa

Face 6 până la 8 porții

Acest fel de mâncare în straturi este similar cu parmigiana de vinete - fără Parmigiano. Pentru că nu există brânză, este mai ușoară și mai proaspătă - bună pentru mesele de vară.

2 vinete medii (aproximativ 1 kg fiecare)

Sare

Ulei de masline

2 catei de usturoi, macinati

2 cani de pasta de rosii

½ linguriță de ardei roșu măcinat

½ cană frunze de busuioc proaspăt rupte

1. Tăiați vârful și fundul vinetelor. Tăiați vinetele în cruce în felii de 1/2 inch grosime. Aranjați feliile într-o sită și presărați sare peste fiecare strat. Pune o strecurătoare peste o farfurie pentru a

se scurge timp de cel puțin 30 de minute. Clătiți sarea cu apă rece și uscați feliile cu un prosop de hârtie.

2. Așezați un grătar în centrul cuptorului. Preîncălziți cuptorul la 450°F. Ungeți două tigăi mari cu jeleu cu ulei. Aranjați feliile de vinete într-un singur strat. Se unge cu ulei. Coaceți până se rumenesc ușor, aproximativ 10 minute. Întoarceți feliile cu o spatulă de metal și coaceți până când o parte se rumenește și feliile sunt fragede când sunt străpunse, încă aproximativ 10 minute.

3. Într-o cratiță medie, gătiți usturoiul în 1/4 cană ulei de măsline la foc mediu până devine auriu, aproximativ 2 minute. Adauga pasta de rosii, ardei rosu si sare dupa gust. Se fierbe timp de 15 minute sau până se îngroașă. Aruncați usturoiul.

4. Aranjați jumătate de vinete într-un singur strat într-un vas puțin adânc. Ungeti cu jumatate de sos si busuioc. Repetați cu restul ingredientelor. Se serveste la temperatura camerei.

Parmigiana vinete

Melanzane alla Parmigiana

Face 6 până la 8 porții

Acesta este unul dintre acele feluri de mâncare de care nu mă plictisesc. Daca nu vrei sa prajesti vinetele, incearca asta cu felii la gratar sau la cuptor.

2 1/2 caniSos marinarasau alt ketchup obișnuit

2 vinete medii (aproximativ 1 kg fiecare)

Sare

Ulei de măsline sau ulei vegetal pentru prăjit

8 uncii de mozzarella proaspătă, feliată

1/2 cană Parmigiano-Reggiano sau Pecorino Romano proaspăt ras

1. Pregătiți sosul, dacă este necesar. Apoi tăiați vârful și fundul vinetelor. Tăiați vinetele în cruce în felii de 1/2 inch grosime. Aranjați feliile într-o sită și presărați sare peste fiecare strat. Pune o strecurătoare peste o farfurie pentru a se scurge timp de cel puțin 30 de minute. Clătiți sarea cu apă rece și uscați feliile cu un prosop de hârtie.

2. Tapetați o tavă cu prosoape de hârtie. Încinge aproximativ 1/2 inch de ulei într-o tigaie mare la foc mediu până când o bucată mică de vinete sfârâie când este adăugată în tigaie. Adăugați doar câte felii de vinete pentru a se încadra într-un singur strat fără a se înghesui. Se prăjește până se rumenește pe o parte, aproximativ 3 minute, apoi se răstoarnă și se rumenește pe cealaltă parte, încă aproximativ 2 până la 3 minute. Scurgeți feliile pe un prosop de hârtie. Gătiți feliile de vinete rămase în același mod.

3. Așezați un grătar în centrul cuptorului. Preîncălziți cuptorul la 350°F. Întindeți un strat subțire de ketchup într-o tavă de copt de 13 x 9 x 2 inchi. Faceți un strat de felii de vinete, ușor suprapuse. Acoperiți cu un strat de mozzarella, un alt strat de sos și un strop de brânză rasă. Repetați stratificarea și terminați cu vinete, sos și brânză rasă.

4. Coaceți timp de 45 de minute sau până când sosul clocotește. Lăsați să stea 10 minute înainte de servire.

Fenicul prăjit

Finocchio al Forno

Face 4 portii

Când eram copil, nu mâncam niciodată fenicul fiert. A fost servit întotdeauna crud, adăugând un crocant înviorător la salate sau servit în bărci după mese, în special petreceri mari de sărbători. Dar coacerea temperează o parte din aromă și schimbă textura în moale și fragedă.

2 bulbi medii de fenicul (aproximativ 1 kilogram)

¼ cană ulei de măsline

Sare

1. Așezați un grătar în centrul cuptorului. Preîncălziți cuptorul la 425°F. Tăiați tulpinile verzi ale feniculului până la bulbul rotunjit. Îndepărtați orice vânătăi cu un cuțit mic sau cu un curățător de legume. Tăiați un strat subțire de la capătul rădăcinii. Tăiați feniculul în jumătate pe lungime. Tăiați fiecare jumătate pe lungime în felii de 1/2 inch grosime.

2. Turnați uleiul într-o tavă de copt de 13 x 9 x 2 inchi. Adăugați feliile de fenicul și amestecați pentru a le acoperi cu ulei. Aranjați feliile într-un singur strat. Se presară cu sare.

3. Acoperiți tava cu folie. Coaceți timp de 20 de minute. Descoperiți și coaceți încă 15 până la 20 de minute sau până când feniculul este fraged când este străpuns cu un cuțit. Se serveste cald sau la temperatura camerei.

Fenicul cu parmezan

Finocchio alla Parmigiano

Face 6 portii

Acest fenicul este mai întâi fiert în apă pentru a-l face foarte moale. Apoi este acoperit cu parmigiano ras și copt. Servește asta cu friptură de vițel sau de porc.

2 bulbi mici de fenicul (aproximativ 1 kilogram)

Sare

2 linguri de unt nesarat

Piper negru proaspăt măcinat

¼ cană Parmigiano-Reggiano ras

1. Așezați un grătar în centrul cuptorului. Preîncălziți cuptorul la 450°F. Ungeți generos o tavă de copt de 13 x 9 x 2 inci.

2. Tăiați tulpinile verzi ale feniculului până la bulbul rotunjit. Îndepărtați orice vânătăi cu un cuțit mic sau cu un curățător de legume. Tăiați un strat subțire de la capătul rădăcinii. Tăiați perele pe lungime prin miez în felii groase de 1/4 inch.

3. Într-o oală mare, aduceți 2 litri de apă la fiert. Adăugați fenicul și 1 linguriță de sare. Reduceți focul și fierbeți, neacoperit, pană când feniculul este crocant, 8 până la 10 minute. Se scurge bine si se usuca.

4. Aranjați feliile de fenicul într-un singur strat în tava de copt. Se pune untul deasupra si se presara cu sare si piper dupa gust. Acoperiți cu brânză. Coaceți timp de 10 minute, sau până când brânza se rumenește ușor. Se serveste cald sau la temperatura camerei.

Fenicul cu sos de hamsii

Finocchio cu Salsa di Acciughe

Face 4 portii

În loc să înmoaie feniculul prin fierbere, în această rețetă îl acoperiți și îl coaceți, lăsându-l să se aburească în propriile suc. Aroma rămâne intactă, iar feniculul devine ușor crocant, dar totuși moale. Daca vrei feniculul mai moale, fierbe-l ca in reteta ptFenicul cu parmezan.

Pentru că feniculul gătit în acest fel este atât de aromat, îmi place să-l servesc cu pui la grătar simplu sau cotlete de porc. Acest lucru este, de asemenea, un preparat antipasto bun la temperatura camerei.

2 bulbi medii de fenicul (aproximativ un kilogram)

4 fileuri de hamsii, scurse si tocate

2 linguri de pătrunjel proaspăt cu frunze plate tocat

2 linguri de capere, clătite și clătite

Piper negru proaspăt măcinat

Sare (optional)

¼ cană ulei de măsline

1. Așezați un grătar în centrul cuptorului. Preîncălziți cuptorul la 375°F. Ungeți o tavă de copt de 13 x 9 x 2 inchi.

2. Tăiați tulpinile verzi ale feniculului până la bulbul rotunjit. Îndepărtați orice vânătăi cu un cuțit mic sau cu un curățător de legume. Tăiați un strat subțire de la capătul rădăcinii. Tăiați perele pe lungime prin miez în felii groase de 1/4 inch.

3. Aranjați feniculul într-un singur strat în tigaie, suprapunând ușor feliile. Se presara peste hamsii, patrunjel, capere si piper. Adăugați sare, dacă doriți. Se toarnă uleiul peste.

4. Acoperiți tava cu folie de aluminiu. Coaceți timp de 40 de minute sau până când feniculul este moale. Scoateți cu grijă folia și coaceți încă 5 minute sau până când feniculul este fraged când este străpuns, dar nu moale. Se lasa putin sa se raceasca inainte de servire.

Fasole verde cu patrunjel si usuroi

Fagiolini al Aglio

Face 4 portii

Pătrunjelul proaspăt este esențial în bucătăria italiană. Întotdeauna țin o grămadă în frigider. Cand il aduc acasa de la magazin, tai capetele si infig tulpinile intr-un borcan cu apa. Acoperit într-o pungă de plastic, pătrunjelul rămâne proaspăt cel puțin o săptămână la frigider, mai ales dacă am grijă să schimb apa din borcan. Spălați pătrunjelul înainte de a-l folosi pentru a îndepărta nisipul și strângeți frunzele de pe tulpini. Tăiați pătrunjelul de pe masă cu un cuțit mare de bucătar sau, dacă preferați, rupeți-l în bucăți. Pătrunjelul proaspăt tocat dă culoare și prospețime multor alimente.

Ca o variantă, terminați aceste fasole într-o tigaie cu puțină coajă de lămâie rasă înainte de servire.

1 kilogram de fasole verde

Sare

3 linguri ulei de masline

1 catel de usturoi, tocat marunt

2 linguri de pătrunjel proaspăt cu frunze plate tocat

Piper negru proaspăt măcinat

1. Tăiați capetele tulpinii fasolei verzi. Aduceți aproximativ 2 litri de apă la fiert într-o oală mare. Adăugați fasolea și sare după gust. Gatiti, neacoperit, pana cand fasolea devine crocanta, 4 pana la 5 minute.

2. Scurgeți fasolea și uscați-le. (Dacă nu le folosiți imediat, răciți-le sub jet de apă rece. Înfășurați fasolea într-un prosop de bucătărie și lăsați-le să stea la temperatura camerei timp de până la 3 ore.)

3. Chiar înainte de servire, încălziți uleiul cu usturoiul și pătrunjelul într-o tigaie mare la foc mediu. Se adauga fasolea si se presara cu piper. Se amestecă ușor timp de 2 minute până se încălzește ușor. Se serveste fierbinte.

Fasole verde cu alune

Fagiolini al Nocciole

Face 4 portii

Nucile și migdalele sunt bune și cu aceste fasole, dacă vă place.

1 kilogram de fasole verde

Sare

3 linguri de unt nesarat

⅓ cană alune tocate

1. Tăiați capetele tulpinii fasolei verzi. Aduceți aproximativ 2 litri de apă la fiert într-o oală mare. Adăugați fasolea și sare după gust. Gatiti, neacoperit, pana cand fasolea devine crocanta, 4 pana la 5 minute.

2. Scurgeți bine fasolea și uscați-le. (Dacă nu le folosiți imediat, răciți-le sub jet de apă rece. Înfășurați fasolea într-un prosop de bucătărie și lăsați-le să stea la temperatura camerei timp de până la 3 ore.)

3. Chiar înainte de servire, încălziți untul într-o tigaie mare. Adăugați alunele și gătiți, amestecând des, până când nucile sunt ușor prăjite și untul se rumenește ușor, aproximativ 3 minute.

4. Se adauga fasolea si un praf de sare. Gatiti, amestecand des, pana se incalzeste, 2-3 minute. Serviți imediat.

Fasole verde cu sos verde

Fagiolini al Pesto

Face 4 portii

Adăugați niște cartofi noi gătiți la aceste fasole verde, dacă doriți. Serviți-le cu fripturi de somon la grătar sau ton.

1/4 cană Sos verde

1 kilogram de fasole verde

Sare

1. Pregătiți sosul verde, dacă este necesar. Apoi răsuciți capătul tulpinii fasolei verzi. Aduceți aproximativ 2 litri de apă la fiert într-o oală mare. Adăugați fasolea și sare după gust. Gatiti, neacoperit, pana cand fasolea este frageda, 5 pana la 6 minute.

2. Scurgeți bine fasolea și uscați-le. Se amestecă cu sosul. Se serveste cald sau la temperatura camerei.

Salata de fasole verde

Fagiolini in Insalata

Face 6 portii

Ansoa şi ierburile proaspete completează această salată de fasole verde. Dacă doriţi, adăugaţi câteva fâşii de ardei roşu prăjit.

1 1/2 kilograme fasole verde

4 file de hamsii

2 catei de usturoi, tocati marunt

2 linguri de pătrunjel proaspăt cu frunze plate tocat

1 lingura menta proaspata tocata

¼ cană ulei de măsline

2 linguri otet de vin rosu

Sare şi piper negru proaspăt măcinat

1.Tăiaţi capetele tulpinii fasolei verzi. Aduceţi aproximativ 2 litri de apă la fiert într-o oală mare. Adăugaţi fasolea şi sare după gust. Gatiti, neacoperit, pana cand fasolea este frageda, 5 pana la 6 minute.

2.Clătiți fasolea sub apă rece și clătiți bine. Ștergeți uscat.

3.Într-un castron mediu, combinați anșoa, usturoiul, pătrunjelul, menta și sare și piper după gust. Se amestecă uleiul și oțetul.

4.Amestecați fasolea verde cu dressingul și serviți.

Fasole verde in sos de rosii-busuioc

Fagiolini în Salsa di Pomodoro

Face 6 portii

Aceasta se potriveşte bine cu cârnaţi sau coaste la grătar.

11/2 kilograme fasole verde

Sare

2 linguri de unt nesarat

1 ceapa mica, tocata marunt

2 căni de roşii proaspete decojite, fără seminţe şi tocate

Piper negru proaspăt măcinat

6 frunze de busuioc proaspăt, rupte în bucăţi

1. Tăiaţi capetele tulpinii fasolei verzi. Aduceţi aproximativ 2 litri de apă la fiert într-o oală mare. Adăugaţi fasolea şi sare după gust. Gatiti, neacoperit, pana cand fasolea devine crocanta, 4 pana la 5 minute. Clătiţi fasolea sub apă rece şi clătiţi bine. Ştergeţi uscat.

2. Topiți untul la foc mediu într-o cratiță medie. Adăugați ceapa și gătiți, amestecând des, până devine auriu, aproximativ 10 minute. Se adauga rosiile si sare si piper dupa gust. Se aduce la fierbere și se fierbe timp de 10 minute.

3. Se amestecă fasolea verde și busuiocul. Gatiti pana se incalzeste, inca 5 minute.

Fasole verde cu panceta si ceapa

Fagiolini alla Pancetta

Face 6 portii

Fasolea verde este mai aromată și are o textură mai bună când este gătită până se înmoaie. Timpul exact de gătire depinde de mărimea, prospețimea și coacerea boabelor. De obicei gust una sau două pentru a fi sigură. Îmi plac când nu se mai rup, dar nu sunt moi sau moale. Aceasta reteta este din Friuli-Venezia Giulia.

1 kilogram de fasole verde

Sare

½ cană pancetta tocată (aproximativ 2 uncii)

1 ceapa mica, tocata

2 catei de usturoi, tocati marunt

2 linguri de pătrunjel proaspăt cu frunze plate tocat

2 frunze proaspete de salvie

2 linguri ulei de masline

1. Tăiați capetele tulpinii fasolei verzi. Aduceți aproximativ 2 litri de apă la fiert într-o oală mare. Adăugați fasolea și sare după gust. Gatiti, neacoperit, pana cand fasolea devine crocanta, 4 pana la 5 minute. Clătiți fasolea sub apă rece și clătiți bine. Ștergeți uscat. Tăiați fasolea în bucăți mici.

2. Într-o tigaie mare, gătiți pancetta, ceapa, usturoiul, pătrunjelul și salvie în ulei la foc mediu până când ceapa devine aurie, aproximativ 10 minute. Adăugați fasolea verde și un praf de sare. Gatiti pana se incalzeste, inca 5 minute. Se serveste fierbinte.

Fasole verde cu sos de rosii si pancetta

Fagiolini cu Salsa di Pomodori și Pancetta

Face 4 portii

Aceste fasole fac o masă grozavă cu o frittata sau omletă.

1 kilogram de fasole verde

Sare

¼ cană pancetta tocată (aproximativ 1 uncie)

1 catel de usturoi, tocat marunt

2 linguri ulei de masline

2 rosii mari coapte, curatate de coaja, fara samburi si tocate

2 crengute rozmarin proaspat

Piper negru proaspăt măcinat

1. Pregătiți fasolea așa cum este descris la pasul 1 în Fasole verde cu panceta si ceapareteta, dar nu le tai in bucati.

2. Într-o cratiță medie, gătiți pancetta și usturoiul în ulei la foc mediu până devin aurii, aproximativ 5 minute. Se amestecă

roșiile, rozmarinul și sare și piper după gust. Se aduce la fierbere și se fierbe timp de 10 minute.

3. Amestecați fasolea în sos și gătiți până când sunt fierte, aproximativ 5 minute. Scoateți rozmarinul. Se serveste fierbinte.

Fasole verde cu parmigiano

Fagiolini alla Parmigiana

Face 4 portii

Coaja de lămâie, nucşoară şi brânză aromă aceste fasole verde. Utilizaţi ingrediente proaspete pentru cele mai bune rezultate.

1 kilogram de fasole verde, tunsă

2 linguri de unt

1 ceapa mica, tocata

½ linguriţă coajă proaspătă de lămâie rasă

Un praf de nucsoara proaspat macinata

Sare şi piper negru proaspăt măcinat

¼ cană Parmigiano-Reggiano proaspăt ras

1. Tăiaţi capetele tulpinii fasolei verzi. Aduceţi aproximativ 2 litri de apă la fiert într-o oală mare. Adăugaţi fasolea şi sare după gust. Gatiti, neacoperit, pana cand fasolea devine crocanta, 4 pana la 5 minute. Clătiţi fasolea sub apă rece şi clătiţi bine. Ştergeţi uscat.

2. Într-o tigaie medie, topește untul la foc mediu. Adăugați ceapa și gătiți până devine auriu, aproximativ 10 minute. Se adauga fasolea, coaja de lamaie, nucsoara si sare si piper dupa gust. Se presara branza deasupra si se ia de pe foc. Lăsați brânza să se topească puțin și serviți fierbinte.

Fasole ceară cu măsline

Fagiolini Giallo cu măsline

Face 4 portii

Măslinele negre strălucitoare și pătrunjelul verde oferă un contrast vibrant cu fasolea de ceară galben pal; Fasolea verde are, de asemenea, un gust bun preparată astfel. Pentru a servi aceste fasole la temperatura camerei, înlocuiți untul cu ulei de măsline, care s-ar întări pe măsură ce se răcește.

1 kilogram de ceară galbenă sau fasole verde

Sare

3 linguri de unt nesarat

1 ceapa mica, tocata

1 catel de usturoi, tocat marunt

½ cană măsline negre blânde, precum Gaeta, fără sâmburi și mărunțite

2 linguri de pătrunjel proaspăt cu frunze plate tocat

1. Tăiați capetele tulpinii fasolei verzi. Aduceți aproximativ 2 litri de apă la fiert într-o oală mare. Adăugați fasolea și sare după

gust. Gatiti, neacoperit, pana cand fasolea devine crocanta, 4 pana la 5 minute. Clătiți fasolea sub apă rece și clătiți bine. Ștergeți uscat. Tăiați fasolea în bucăți de 1 inch.

2. Topiți untul la foc mediu într-o tigaie suficient de mare încât să țină toată fasolea. Adăugați ceapa și usturoiul și gătiți până când sunt moale și aurii, aproximativ 10 minute.

3. Se amestecă fasolea, măslinele și pătrunjelul până se încorporează, aproximativ 2 minute. Se serveste fierbinte.

Spanac cu lamaie

Spanac al Limone

Face 4 portii

Ornat cu ulei de măsline bun și câteva picături de suc proaspăt de lămâie sporesc aroma spanacului fiert sau a altor verdeturi cu frunze.

2 kilograme de spanac proaspăt, tulpinile dure îndepărtate

¼ cană apă

Sare

Ulei de măsline extra virgin

Bărci cu lămâie

1. Spanacul se spala bine de cateva ori cu apa rece. Pune spanacul, apa si un praf de sare intr-o oala mare. Acoperiți oala și puneți la foc mediu. Gatiti 5 minute sau pana cand spanacul este ofilit si fraged. Scurge spanacul și stoarce excesul de apă.

2. Într-un castron, amestecați spanacul cu ulei de măsline, după gust.

3.Se serveste cald sau la temperatura camerei, garnisita cu felii de lamaie.

Spanac sau alte legume cu unt și usturoi

Verdura al Burro

Face 6 portii

Moliciunea untului și a usturoiului se potrivește deosebit de bine cu ușoară amărăciune a legumelor precum spanacul sau smogul.

2 kilograme de spanac, tulpinile dure îndepărtate

¼ cană apă

Sare

2 linguri de unt nesarat

1 catel de usturoi, tocat marunt

Piper negru proaspăt măcinat

1. Spanacul se spala bine de cateva ori cu apa rece. Pune spanacul, apa si un praf de sare intr-o oala mare. Acoperiți oala și puneți la foc mediu. Gatiti 5 minute sau pana cand spanacul este ofilit si fraged. Scurge spanacul și stoarce excesul de apă.

2. Într-o tigaie medie, topește untul la foc mediu. Adăugați usturoiul și gătiți până devine auriu, aproximativ 2 minute.

3. Se amestecă spanacul, sare și piper după gust. Gatiti, amestecand ocazional, pana se incalzeste, aproximativ 2 minute. Se serveste fierbinte.

Spanac cu stafide și nuci de pin

Spinaci con Uva e Pinoli

Face 4 portii

Stafidele și nucile de pin sunt folosite pentru a aroma multe feluri de mâncare din sudul Italiei și din întreaga Mediterană. De asemenea, sfecla sau sfecla roșie pot fi preparate astfel.

2 kilograme de spanac proaspăt, tulpinile dure îndepărtate

¼ cană apă

Sare

2 linguri de unt nesarat

Piper negru proaspăt măcinat

2 linguri stafide

2 linguri de nuci de pin, prajite

1. Spanacul se spala bine de cateva ori cu apa rece. Pune spanacul, apa si un praf de sare intr-o oala mare. Acoperiți oala și puneți la foc mediu. Gatiti 5 minute sau pana cand spanacul este ofilit si fraged. Scurge spanacul și stoarce excesul de apă.

2. Ștergeți oala. Topiți untul în oală, apoi adăugați spanacul și stafidele. Se amestecă o dată sau de două ori și se fierbe timp de 5 minute până când stafidele sunt gata. Se presara cu nuci de pin si se serveste imediat.

Spanac cu hamsii, Stil Piemont

Spinaci alla Piemontesa

Face 6 portii

În Piemont, acest spanac savuros este adesea servit pe felii de pâine prăjite în unt, dar este bun și singur. O altă variantă este să acoperiți spanacul cu ouă prăjite sau prăjite.

2 kilograme de spanac proaspăt, tulpinile dure îndepărtate

¼ cană apă

Sare

¼ cană de unt nesărat

4 file de hamsii

1 catel de usturoi, tocat marunt

1. Spanacul se spala bine de cateva ori cu apa rece. Pune spanacul, apa si un praf de sare intr-o oala mare. Acoperiți oala și puneți la foc mediu. Gatiti 5 minute sau pana cand spanacul este ofilit si fraged. Scurge spanacul și stoarce excesul de apă.

2. Ștergeți oala. Topiți untul în oală. Adaugati ansoa si usturoiul si gatiti, amestecand, pana se dizolva ansoa, aproximativ 2 minute. Se amestecă spanacul și se gătește, amestecând constant, până se încălzește, 2 până la 3 minute. Se serveste fierbinte.

Escarole cu usturoi

Scarola al'Aglio

Face 4 portii

Escarola este un membru al familiei mari și diversificate de cicoare, care include andive, frisee, păpădie și radicchio. Escarola este foarte populară în bucătăriile napolitane. Capetele mici de scarola sunt umplute și prăjite, frunzele fragede din interior se consumă crude în salate, iar scarola se gătește și în supă. Variați acest fel de mâncare omițând ardeiul roșu și adăugând 1⁄4 cană de stafide.

1 scarola de cap (aproximativ 1 kilogram)

3 linguri ulei de masline

3 catei de usturoi, feliati subtiri

Un praf de ardei rosu macinat (optional)

Sare

1. Tăiați scarola și aruncați frunzele învinețite. Tăiați capetele tulpinii. Separați frunzele și spălați bine în apă rece, mai ales în centrul frunzelor unde se adună pământul. Stivuiți frunzele și tăiați-le în bucăți mici.

2. Intr-o oala mare caleste usturoiul si ardeiul rosu, daca folosesti, in ulei de masline la foc mediu pana cand usturoiul devine auriu, aproximativ 2 minute. Adauga scarola si sare dupa gust. Amesteca bine. Acoperiți oala și gătiți până când scarola este fragedă, aproximativ 12 până la 15 minute. Se serveste fierbinte.

Papadie cu cartofi

Dente di Leone cu cartofi

Face 4 portii

Varza varza sau matula poate fi inlocuita cu verdeata de papadie - aveti nevoie de verdeata suficient de tare pentru a fi gatita in acelasi timp cu cartofii. Puțin oțet aprinde aroma acestor verdeață de usturoi și cartofi.

1 buchet de papadie (aproximativ 1 kilogram)

6 cartofi mici de ceară, decojiți și tăiați felii

Sare

3 catei de usturoi, tocati

3 linguri ulei de masline

1 lingura otet de vin alb

1. Tăiați păpădia și aruncați frunzele învinețite. Tăiați capetele tulpinii. Separați frunzele și spălați bine în apă rece, mai ales în centrul frunzelor unde se adună pământul. Tăiați frunzele în cruce în bucăți mici.

2. Aduceți aproximativ 4 litri de apă la fiert. Adăugați feliile de cartofi, păpădia și sare după gust. Aduceți din nou la fiert și gătiți până când legumele sunt fragede, aproximativ 10 minute. Scurgeți bine.

3. Într-o tigaie mare, gătiți usturoiul în ulei până devine auriu, aproximativ 2 minute. Se adauga legumele, otetul si un praf de sare. Gatiti, amestecand bine, pana se incalzeste, aproximativ 2 minute. Se serveste fierbinte.

Ciuperci cu usturoi si patrunjel

Funghi Trifolati

Face 4 portii

Acesta este probabil cel mai popular mod de a prepara ciuperci în Italia. Încercați să adăugați câteva soiuri de ciuperci exotice pentru mai multă aromă.

1 pachet (10 până la 12 uncii) de ciuperci albe

¼ cană ulei de măsline

2 linguri de pătrunjel proaspăt cu frunze plate tocat

2 catei mari de usturoi, feliati subtiri

Sare și piper negru proaspăt măcinat

1. Pune ciupercile într-o strecurătoare și clătește-le repede sub jet de apă rece. Scurgeți ciupercile și uscați-le. Tăiați ciupercile în jumătate sau sferturi dacă sunt mari. Tăiați capetele dacă par uscate.

2. Încinge uleiul la foc mediu într-o tigaie mare. Adăugați ciupercile. Gatiti, amestecand des, pana cand ciupercile se

rumenesc, 8 pana la 10 minute. Se adauga patrunjel, usturoi, sare si piper. Gatiti pana usturoiul devine auriu, inca 2 minute. Se serveste fierbinte.

Ciuperci, stil genovez

Funghi alle Erbe

Face 6 portii

Dealurile din jurul Genovai sunt pline de ciuperci sălbatice și ierburi, așa că în mod natural bucătarii de acolo le folosesc în multe feluri. Ciupercile porcini sunt de obicei folosite în acest fel de mâncare, deși orice ciupercă mare cultivată poate fi înlocuită. Deoarece porcini nu este adesea disponibil în SUA, înlocuiesc ciupercile portobello cu carne și aromate. Uneori le servesc drept piesa centrală pentru o masă fără carne.

6 ciuperci portobello mari

4 linguri ulei de masline

Sare și piper negru proaspăt măcinat

2 catei de usturoi, tocati marunt

3 linguri de patrunjel proaspat cu frunze plate tocat marunt

1 lingurita rozmarin proaspat tocat

½ linguriță maghiran uscat

1. Așezați un grătar în centrul cuptorului. Preîncălziți cuptorul la 425°F. Ungeți o tavă de copt suficient de mare pentru a ține capacele de ciuperci într-un singur strat.

2. Ștergeți ciupercile cu prosoape de hârtie umede. Răsuciți tulpinile de pe ciuperci și tăiați capetele unde se adună pământul. Tăiați tulpinile subțiri. Puneți tulpinile de ciuperci într-un bol și amestecați-le cu 2 linguri de ulei.

3. Puneți capacele de ciuperci cu partea deschisă în sus pe tigaie. Se presară cu sare și piper.

4. Într-un castron mic, amestecați usturoiul, pătrunjelul, rozmarinul, maghiranul și sare și piper, după gust. Se amestecă cu celelalte 2 linguri de ulei. Pune un praf din amestecul de plante pe fiecare capac de ciuperci. Acoperiți cu tulpinile.

5. Coaceți timp de 15 minute. Verificați ciupercile pentru a vedea dacă tigaia este prea uscată. Adăugați puțină apă caldă dacă este necesar. Coaceți încă 15 minute sau până când se înmoaie. Se serveste cald sau la temperatura camerei.

Ciuperci prăjite

Funghi al Forno

Face 4 până la 6 porții

Primavara si toamna, cand sunt la cote maxime, ciupercile se calesc in ulei de masline pana se rumenesc usor pe margini, dar inca fragede si carnoase in interior. Porcini sunt rari și scumpi în Statele Unite, dar același tratament îl puteți aplica și altor soiuri de ciuperci groase, cărnoase, precum cremini, portobello sau ciuperci albe, cu rezultate bune. Nu supraaglomerați însă tigaia, deoarece unele specii eliberează multă apă, iar ciupercile se aburesc în loc să se rumenească.

1 kilogram de ciuperci, cum ar fi albe, cremini sau portobello

4 catei mari de usturoi, feliati subtiri

¼ cană ulei de măsline extravirgin

Sare și piper negru proaspăt măcinat

1. Așezați un grătar în centrul cuptorului. Preîncălziți cuptorul la 400°F. Ștergeți ciupercile cu prosoape de hârtie umede. Răsuciți tulpinile de pe ciuperci și tăiați capetele unde se adună pământul. Tăiați ciupercile în sferturi, sau în optimi dacă sunt

mari. Într-o tigaie suficient de mare încât să țină ingredientele într-un singur strat, aruncați ciupercile, usturoiul și uleiul cu sare și piper după gust. Răspândiți-le uniform în tigaie.

2. Se prăjește timp de 30 de minute, amestecând o dată sau de două ori, până când ciupercile sunt moi și rumenite. Se serveste fierbinte.

Crema de ciuperci

Funghi all Panna

Face 4 portii

Aceste ciuperci cremoase sunt delicioase ca garnitură cu friptură sau pot fi un aperitiv, servite peste felii subțiri de pâine prăjită.

1 pachet (10 până la 12 uncii) de ciuperci albe

2 linguri de unt nesarat

¼ cană de eșalotă tocată

Sare și piper negru proaspăt măcinat

½ cană smântână groasă

1. Ștergeți ciupercile cu prosoape de hârtie umede. Răsuciți tulpinile de pe ciuperci și tăiați capetele unde se adună pământul. Tăiați ciupercile în felii groase.

2. Topiți untul la foc mediu într-o tigaie mare. Adaugati salota si gatiti pana se inmoaie, aproximativ 3 minute. Se adauga ciupercile si sare si piper dupa gust. Gatiti, amestecand des, pana cand ciupercile se rumenesc usor, aproximativ 10 minute.

3. Se amestecă smântâna şi se aduce la fierbere. Gatiti pana se ingroasa crema, aproximativ 2 minute. Se serveşte fierbinte sau cald.

Ciuperci umplute la cuptor

Funghi al Gratin

Face 4 portii

Îmi place să servesc asta ca garnitură cu un simplu grătar sau friptură de vită, dar ciupercile mai mici preparate în acest fel sunt bune ca început.

12 ciuperci mari albe sau cremini

4 linguri de unt nesarat

¼ cană de ceapă sau ceapă tocate

1 lingurita de cimbru proaspat tocat sau un praf de cimbru uscat

Sare și piper negru proaspăt măcinat

¼ cană smântână grea sau bătută

2 linguri de pesmet curat uscat

1. Ștergeți ciupercile cu prosoape de hârtie umede. Răsuciți tulpinile de pe ciuperci și tăiați capetele unde se adună pământul. Tăiați tulpinile.

2. Topiți 2 linguri de unt într-o tigaie medie. Adaugati tulpinile de ciuperci, salota si cimbrul. Se condimenteaza cu sare si piper dupa gust. Gatiti, amestecand des, pana cand tulpinile de ciuperci se rumenesc usor, aproximativ 10 minute.

3. Se amestecă crema și se fierbe până se îngroașă, aproximativ 2 minute. Se ia de pe foc.

4. Așezați un grătar în centrul cuptorului. Preîncălziți cuptorul la 375°F. Ungeți un vas rezistent la cuptor suficient de mare pentru a ține capacele de ciuperci într-un singur strat.

5. Se toarnă amestecul de smântână la final. Puneți capacele în tava pregătită. Presărați pesmetul deasupra. Pune celelalte 2 linguri de unt deasupra.

6. Coaceți ciupercile timp de 15 minute sau până când firimiturile sunt aurii și capacele moi. Se serveste fierbinte.

Ciuperci cu roșii și ierburi

Funghi al Pomodoro

Face 4 portii

Aceste ciuperci sunt gătite cu usturoi, roșii și rozmarin. Turnați-le peste cotlete de porc sau friptură.

1 kilogram de ciuperci albe

¼ cană ulei de măsline

1 catel de usturoi, tocat marunt

1 lingurita rozmarin proaspat tocat

1 rosie mare, curatata de coaja, fara samburi si tocata marunt

Sare și piper negru proaspăt măcinat

2 linguri de pătrunjel proaspăt cu frunze plate tocat

1. Ștergeți ciupercile cu prosoape de hârtie umede. Răsuciți tulpinile de pe ciuperci și tăiați capetele unde se adună pământul. Tăiați ciupercile în jumătate sau sferturi. Încinge uleiul la foc mediu într-o tigaie mare. Adăugați ciupercile,

usturoiul și rozmarinul. Gatiti, amestecand des, pana cand ciupercile se rumenesc, aproximativ 10 minute.

2.Se adauga rosiile si sare si piper dupa gust. Gatiti pana se evapora sucurile, inca 5 minute. Se amestecă pătrunjelul și se servește imediat.

Ciuperci în Marsala

Funghi al Marsala

Face 4 portii

Ciupercile și Marsala sunt menite unul pentru celălalt. Servește asta cu pui sau vițel.

1 pachet (10 până la 12 uncii) de ciuperci albe

¼ cană de unt nesărat

1 lingura ulei de masline

1 ceapa medie, tocata

Sare și piper negru proaspăt măcinat

2 linguri de Marsala uscata

2 linguri de pătrunjel proaspăt cu frunze plate tocat

1. Ștergeți ciupercile cu prosoape de hârtie umede. Răsuciți tulpinile de pe ciuperci și tăiați capetele unde se adună pământul. Tăiați ciupercile în jumătate sau sferturi, dacă sunt mari. Topiți untul împreună cu uleiul la foc mediu într-o tigaie mare. Adăugați ceapa și gătiți până se înmoaie, 5 minute.

2. Se adauga ciupercile, sare si piper dupa gust si Marsala. Gatiti, amestecand des, pana cand cea mai mare parte a lichidului s-a evaporat si ciupercile se rumenesc usor, aproximativ 10 minute. Se amestecă pătrunjelul și se ia de pe foc. Se serveste fierbinte.

Ciuperci la gratar

Funghi alla Griglia

Face 4 portii

Ciupercile mari precum portobello, shiitake și, cel mai bine, porcini sunt minunate gătite la grătar. Textura și aroma lor este cărnoasă și suculentă sporită de aroma de fum a grătarului. Tulpinile de shiitake sunt prea lemnoase pentru a fi mâncate. Aruncați-le și gătiți doar capacele.

4 ciuperci mari proaspete, cum ar fi shiitake, portobello sau porcini

3 până la 4 linguri ulei de măsline

2 până la 3 căței mari de usturoi

2 linguri de pătrunjel proaspăt cu frunze plate tocat

Sare și piper negru proaspăt măcinat

1. Așezați un grătar sau un gratar la aproximativ 5 inci de sursa de căldură. Preîncălziți grătarul sau grătarul.

2. Ștergeți ciupercile cu prosoape de hârtie umede. Răsuciți tulpinile de pe ciuperci și tăiați capetele unde se adună pământul. Tăiați tulpinile de ciuperci portobello sau porcini în felii groase. Aruncați tulpinile de la ciupercile shiitake. Ungeți ciupercile cu ulei. Aranjați dopurile și tulpinile pe grătar cu vârfurile rotunjite ale dopurilor îndreptate spre sursa de căldură. Prăjiți până se rumenește ușor, aproximativ 5 minute.

3. Într-un castron mic, amestecați 2 linguri de ulei, usturoi, pătrunjel și sare și piper, după gust. Întoarceți bucățile de ciuperci și ungeți cu amestecul de ulei.

4. Gatiti pana cand ciupercile sunt fragede, inca 2-3 minute. Se serveste fierbinte.

Ciuperci prajite

Funghi Fritti

Face 6 portii

O crustă de pâine crocantă acoperă aceste ciuperci. Sunt bune ca aperitiv.

1 cană pesmet uscat uscat

¼ cană Parmigiano-Reggiano proaspăt ras

2 ouă mari, bătute

Sare și piper negru proaspăt măcinat

1 kilogram de ciuperci albe proaspete

Ulei vegetal pentru prajit

Bărci cu lămâie

1. Pe hârtie ceară, se aruncă pesmetul cu brânza și se întinde amestecul pe o foaie de hârtie ceară.

2. Într-un castron mic, bate ouăle cu sare și piper, după gust.

3. Clătiți rapid ciupercile sub apă rece. Uscați-le. Tăiați-le în jumătate sau în sferturi dacă sunt mari. Înmuiați ciupercile în amestecul de ouă și rulați-le în pesmet, acoperindu-le complet. Lăsați pielea să se usuce aproximativ 10 minute.

4. Tapetați o tavă cu prosoape de hârtie. Încinge uleiul într-o tigaie adâncă și largă până când o picătură mică de ou se scurge și se gătește rapid. Adăugați doar suficiente ciuperci în tigaie pentru a se încadra într-un singur strat fără a se înghesui. Se calesc ciupercile până devin crocante și se rumenesc, aproximativ 4 minute. Transferați pe prosoape de hârtie pentru a se scurge. Prăjiți ciupercile rămase în același mod.

5. Serviți ciupercile fierbinți cu felii de lămâie.

Gratin de ciuperci

Tiella di Funghi

Face 4 portii

Ciupercile albe mari pot fi folosite în această caserolă Puglia stratificată sau înlocuite cu alte soiuri cărnoase, cum ar fi shiitake, portobello sau cremini. Acesta este bine cald sau la temperatura camerei.

1 kilogram portabello, cremini sau ciuperci albe mari, feliate groase

½ cană pesmet uscat pur

½ cană Pecorino Romano proaspăt ras

2 linguri de pătrunjel proaspăt cu frunze plate tocat

4 linguri ulei de masline

Sare și piper negru proaspăt măcinat

2 cepe medii, feliate subțiri

2 rosii medii, curatate de coaja, fara samburi si tocate

1. Ștergeți ciupercile cu prosoape de hârtie umede. Răsuciți tulpinile de pe ciuperci și tăiați capetele unde se adună pământul. Tăiați ciupercile felii de cel puțin 1/4 inch grosime. Așezați un grătar în centrul cuptorului. Preîncălziți cuptorul la 350°F. Ungeți o tavă de copt de 13 x 9 x 2 inchi.

2. Într-un castron mediu, amestecați pesmetul, brânza și pătrunjelul. Se adauga 2 linguri de ulei si sare si piper dupa gust.

3. Așezați jumătate din ciuperci pe o foaie de copt, suprapunând ușor feliile. Peste ciuperci se pune un strat de jumătate din ceapă și roșii. Se presară cu sare și piper. Se unge cu jumătate din amestecul de pesmet. Repetați cu restul ingredientelor. Stropiți cu restul de 2 linguri de ulei.

4. Coaceți timp de 45 de minute sau până când ciupercile sunt fragede când sunt străpunse cu un cuțit. Se serveste fierbinte.

Ciuperci stridii cu carnati

Funghi al Salsicie

Face 4 portii

Prietenul meu Phil Cicconi are multe amintiri frumoase despre tatăl său, Guido, care a venit din Ascoli Piceno în marș. S-a stabilit în West Philadelphia, unde era un grup de oameni din zonă, și l-a învățat pe Phil să caute ciuperci sălbatice și broccoli pe câmpurile din apropierea casei lor. Acum Phil continuă această tradiție cu cele trei fiice ale sale. Ciupercile stridii, care cresc pe anumiți arțari, sunt deosebit de apreciate. Mama lui Phil, Anna Maria, care a venit din Abruzzo, avea să pregătească ciupercile în acest fel. L-au mâncat ca garnitură cu pâine italiană.

Puteți folosi ciuperci stridii de cultură în această rețetă sau înlocuiți ciupercile albe feliate.

1 kilogram de ciuperci stridii

2 linguri ulei de masline

2 catei de usturoi, tocati marunt

2 salote, tocate marunt

8 uncii cârnați italieni de porc dulci, înveliți

Sare

Un praf de ardei rosu macinat

1 cană de roșii proaspete decojite, fără semințe și mărunțite

1. Uscați ciupercile cu prosoape de hârtie umede. Rupeți ciupercile în fâșii subțiri de-a lungul branhiilor.

2. Se toarnă uleiul într-o tigaie mare. Adăugați usturoiul și eșalota și gătiți până se înmoaie, aproximativ 2 minute. Se amestecă cârnații și se gătesc, amestecând des, până se rumenesc.

3. Adăugați ciupercile, sare după gust și ardei roșu zdrobit și amestecați bine. Adăugați roșiile și 1/4 cană apă. Se aduce la fierbere.

4. Dați focul la mic și acoperiți tigaia. Gatiti, amestecand ocazional, timp de 30 de minute sau pana cand carnatii sunt fragezi si sosul este gros. Se serveste fierbinte.

www.ingramcontent.com/pod-product-compliance
Lightning Source LLC
Chambersburg PA
CBHW050301120526
44590CB00016B/2447